The Usborne
Very First
Dictionary
in Spanish

Felicity Brooks, Caroline Young and Isabel Sánchez Gallego
Designed by Francesca Allen and Keith Newell
Illustrated by Jo Litchfield

Contents

Here are some children you will meet in this book.

Ellie   Ben   Molly   Polly   Jack   Robert   Laura   Olly   Emily

You can hear all the Spanish words in this book, read by a Spanish person, on the Usborne Quicklinks Website at **www.usborne-quicklinks.com**. Find out more on page 80.

Aa

afternoon   la tarde

a sunny **afternoon**
una **tarde** soleada

all   todo (m), toda (f),
todos, todas

They are **all** playing music.
Todos están tocando música.

about   sobre

He reads a book **about** school.

Lee un libro **sobre** la escuela.

again   otra vez

The little girl bounces once and then **again**.

La niña bota una y **otra vez**.

alphabet   el alfabeto

abcdefgh
ijklmnñopq
rstuvwxyz

after   después

one **after** the other

una **después** de la otra

air   el aire

Balloons float in the **air**.

Los globos flotan en **el aire**.

always   siempre

Tom **always** wears socks.

Tom **siempre** lleva calcetines.

ambulance
la ambulancia

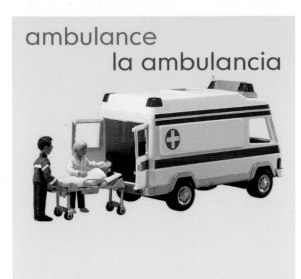

animal
el animal

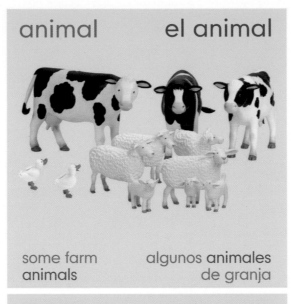

some farm animals — algunos **animales** de granja

ant
la hormiga

some **ants** — unas **hormigas**

angel
el ángel

ankle
el tobillo

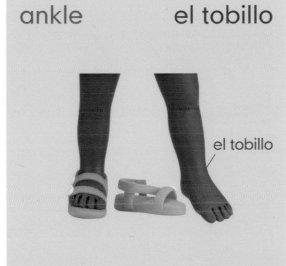

el tobillo

any
(not usually said)

Is there **any** soup? — ¿**Hay** sopa?

angry
enfadado

This little girl looks **angry**.

Esta niña parece **enfadada**.

another
otro (m), otra (f)

Danny wants **another** lemonade. — Danny quiere **otra** limonada.

apple
la manzana

3

are   son, están*

The monkeys are brown.
The monkeys are eating.

Los monos son marrones.
Los monos están comiendo.

asleep   dormido

Shhh! The little
boy is asleep.

¡Silencio! El niño está dormido.

arm   el brazo

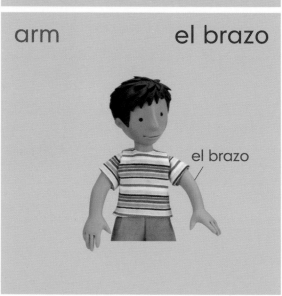

el brazo

astronaut
el/la astronauta

baby   el bebé

ask   preguntar

The little girl asks
who's on the
phone.

La niña pregunta
quién está al
teléfono.

awake   despierto

They are still
awake.

Todavía están despiertos.

bad   mal, malo

The apple
is bad.

La manzana
está mala.

* In Spanish there are two ways of saying "are".
Find out how they are used on page 67.

bag   la bolsa

banana   el plátano

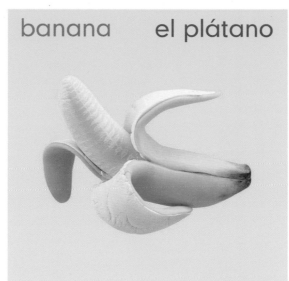

beach   la playa

ball   el balón,
la pelota

basket   la cesta

bear   el oso

balloon   el globo

three balloons   tres globos

bath   el baño

She is having
a bath.   Se está dando
un baño.

bed   la cama

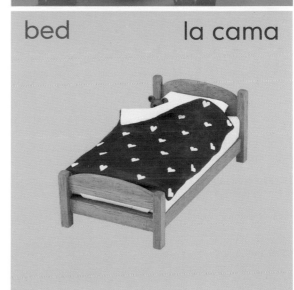

bee   la abeja

big   grande

Swans are big birds.

Los cisnes son aves grandes.

bite   el bocado

The boy
is taking
a bite.

El niño
toma un
bocado.

belt   el cinturón

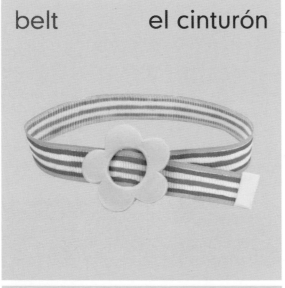

bird   el pájaro

blanket   la manta

bicycle   la bicicleta

birthday
          el cumpleaños

a birthday cake
una tarta de cumpleaños

boat   la barca,
          la lancha

bone — el hueso

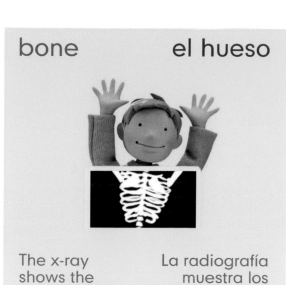

The x-ray shows the boy's bones.

La radiografía muestra los huesos del niño.

bowl — el bol

The bowl is full.

El bol está lleno.

bread — el pan

book — el libro

La granja

box — la caja

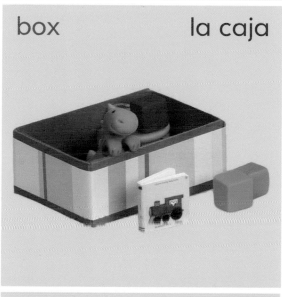

breakfast — el desayuno

boots — las botas

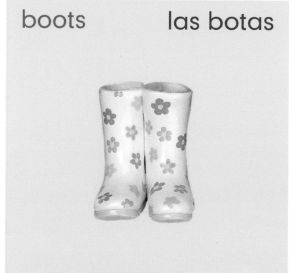

boy — el niño, el chico

brother — el hermano

two brothers — dos hermanos

brush   el cepillo

butterfly   la mariposa

Cc

build   **construir**

The men are **building** a wall.

Los hombres **construyen** un muro.

button   **el botón**

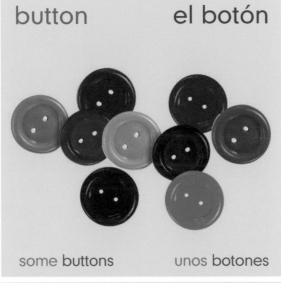

some **buttons**   unos **botones**

cake   **el pastel, la tarta**

bus   **el autobús**

buy   **comprar**

He is **buying** a lollipop.

Está **comprando** una piruleta.

can   **poder**

How many girls **can** you see?

¿Cuántas niñas **puedes** ver?

car   el coche

cat   el gato

cheese   el queso

carrot   la zanahoria

two **carrots**   dos **zanahorias**

catch   atrapar

"Catch!" says the boy.

"¡Atrápala!" dice el niño.

cherry   la cereza

red **cherries**   **cerezas** rojas

castle   el castillo

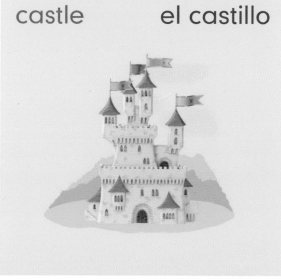

chair   la silla

chicken   el pollo

two **chickens**   dos **pollos**

chocolate
el chocolate

cloud **la nube**

come venir

The clown **comes** to Luke's house.
El payaso **viene** a casa de Luke.

clock **el reloj**

coat **el abrigo**

computer
el ordenador

clothes **la ropa**

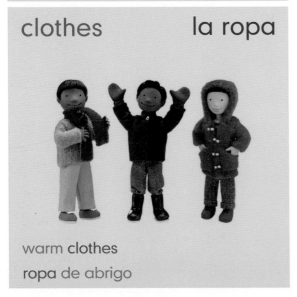

warm **clothes**
ropa de abrigo

cold frío

It's **cold**
in winter.
En invierno
hace **frío**.

cook cocinar

Sam is **cooking**. Sam **cocina**.

cow — la vaca

Dd

day — el día

The sun rises every **day**.

El sol sale cada **día**.

cry — llorar

The little boy is **crying**.
El niño está **llorando**.

dance — bailar

This girl loves to **dance**.

A esta niña le encanta **bailar**.

deep — profundo

Diggers make **deep** holes.

Las excavadoras hacen agujeros **profundos**.

cup — la taza

dark — oscuro

It's **dark** outside.

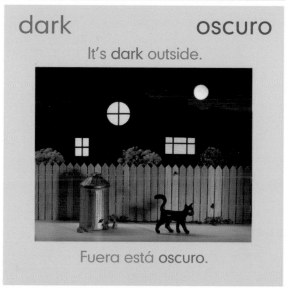

Fuera está **oscuro**.

dentist — el/la dentista

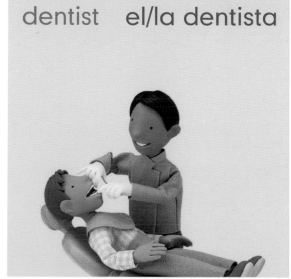

dig cavar

Anna is digging a hole.

Anna está cavando un agujero.

dirty sucio

The digger is **dirty**.

La excavadora está **sucia**.

dog el perro

digger la excavadora

do hacer

There's lots to **do** at the beach.

En la playa se pueden **hacer** muchas cosas.

doll la muñeca

dinosaur el dinosaurio

doctor el médico, el doctor

donkey el burro

D

12

door   la puerta

dress   el vestido

drum   el tambor

This little boy is playing a drum.

Este niño está tocando el tambor.

dragon   el dragón

drink   la bebida

a cold drink   una bebida fría

dry   seco

The washing is dry.
La colada está seca.

draw   dibujar

This little girl likes drawing.   A esta niña le gusta dibujar.

drive   conducir

This woman drives a red car.

Esta mujer conduce un coche rojo.

duck   el pato

Ee

ear   la oreja

egg   el huevo

three eggs   tres huevos

each   cada

Each child has a toy.   Cada niño tiene un juguete.

Earth   la Tierra

elbow   el codo

el codo

eagle   el águila (f)

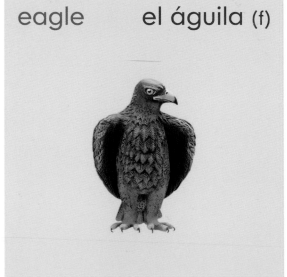

eat   comer

This little boy is eating pasta.   Este niño come pasta.

elephant   el elefante

empty   vacío

The bath is empty.

La bañera está vacía.

Ff

family   la familia

end   el extremo

There's a girl at each end.

Hay una niña en cada extremo.

face   la cara

a smiling face   una cara sonriente

farm   la granja

eye   el ojo

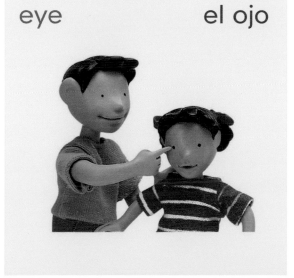

fairy   el hada (f)

fast   rápido

This car goes very fast.

Este coche va muy rápido.

fat   gordo

This cat is fat.

Este gato está gordo.

fire engine   el camión de bomberos

flag   la bandera

finger   el dedo

el dedo

firefighter   el bombero

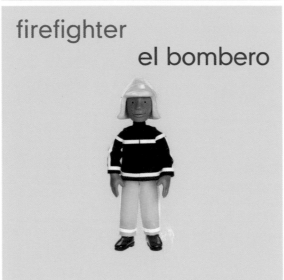

floor   el suelo

The floor is clean.

El suelo está limpio.

fire   el fuego

fish   el pez, (to eat) el pescado

lots of fish   muchos peces

flower   la flor

fly   volar

These birds
are flying.

Estos pájaros están volando.

forest   el bosque

friend   el amigo,
la amiga

food   la comida

fork   el tenedor

frog   la rana

foot   el pie

el pie

fox   el zorro

fruit   la fruta

f

Gg

gate la portilla

giraffe la jirafa

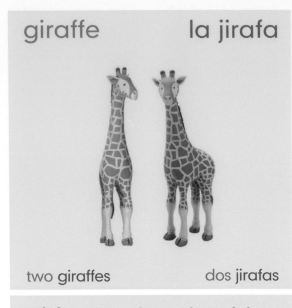

two **giraffes** dos **jirafas**

game el juego

ghost el fantasma

girl la niña, la chica

three **girls** tres **niñas**

garden el jardín

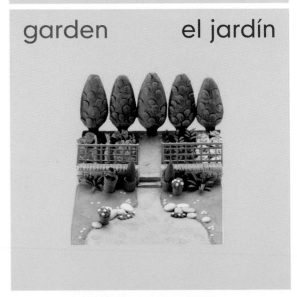

giant el gigante

give dar

She **gives** her friend a present.
Le **da** un regalo a su amiga.

glass **el vaso**	**go** **ir**	**goldfish** **el pez de colores**

These **glasses** are empty.   Estos **vasos** están vacíos.

This bus **goes** to the supermarket.

Este autobús **va** al supermercado.

glasses **las gafas**	**goat** **la cabra**	**good** **buen, bueno**

two **goats**   dos **cabras**

These cakes are very **good**.   Estos pasteles están muy **buenos**.

gloves **los guantes**	**gold** **el oro**	**goose** **la oca**

g

grapes   la uva

grow   crecer

These flowers **grow** quickly.

Estas flores **crecen** deprisa.

Hh

grass   la hierba,
(lawn) **el césped**

grown-up   la persona
mayor

a little boy and
a **grown-up**

un niño y
una **persona**
mayor

hair   el pelo

el pelo ——

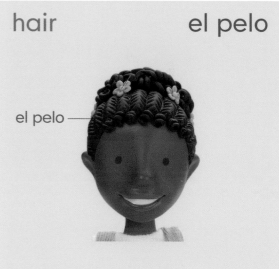

ground   el suelo

The little girl falls on the **ground**.

La niña se cae
al **suelo**.

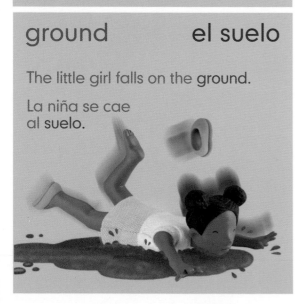

guinea pig

el conejillo
de Indias

hamster   el hámster

hand	la mano	hat	el sombrero	helicopter	el helicóptero

la mano

happy	contento, feliz	head	la cabeza	help	ayudar

The little boy **helps** his dad with the shopping.

El niño **ayuda** a su padre a hacer la compra.

hard	duro	hear	oír	hide	esconderse

Stones are very **hard**.

Las piedras son muy **duras**.

Jack **hears** a noise.

Jack **oye** un ruido.

The clown is **hiding**.

El payaso se esconde.

hit — golpear

Lucy **hits** the ball.

Lucy **golpea** la pelota.

honey — la miel

horse — el caballo

hole — el agujero

This cheese has **holes** in it.

Este queso tiene **agujeros**.

hood — la capucha

hospital — el hospital

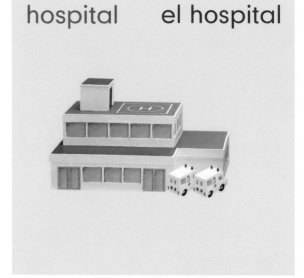

home — la casa

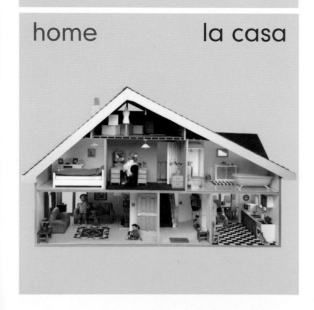

hop — saltar a la pata coja

Can you hop?

¿Sabes **saltar** a la pata coja?

hot — caliente

The pans are **hot**.

Las cazuelas están **calientes**.

house la casa		idea la idea

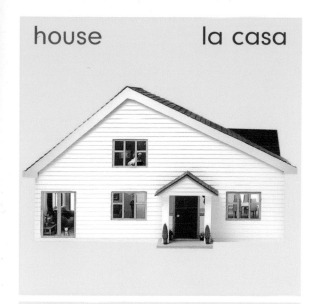

John has an idea.   John tiene una idea.

hug   abrazar

ice   el hielo

if   si

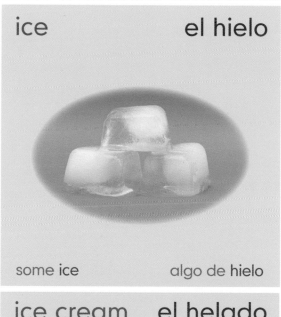

Olly hugs his teddy bear.   Olly abraza a su osito.

some ice   algo de hielo

If you go out, take your umbrella.

Si sales, toma tu paraguas.

hurt   (be painful) doler

ice cream   el helado

ink   la tinta

Mark's arm hurts.

green ink

tinta verde

A Mark le duele el brazo.

insect | el insecto

some insects | algunos insectos

is | es, está*

The soup is delicious.

La sopa está deliciosa.

J j

invitation | la invitación

Olivia invita a Francesca a su fiesta de cumpleaños el 13 de febrero a las 3 de la tarde.

island | la isla

jacket | la chaqueta

iron | la plancha

itch | picar

Fred's ear itches.

A Fred le pica la oreja.

jar | el frasco

two jars of jam | dos frascos de mermelada

I / J

* In Spanish there are two ways of saying "is". Find out how they are used on page 67.

jeans   los vaqueros

jigsaw puzzle

el puzle

juice   el zumo

jewel   la piedra preciosa

There are jewels in the crown.

Hay piedras preciosas en la corona.

job   el trabajo

Vicky has a job as a vet.

Vicky tiene un trabajo como veterinaria.

jump   saltar

One cat jumps off the sofa.

Un gato salta del sofá.

jewellery   las joyas

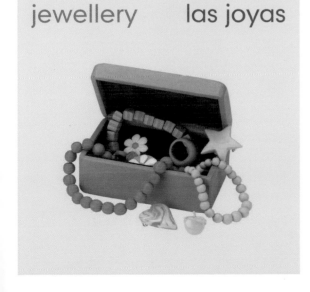

juggle   hacer malabarismos

The clown is juggling.

El payaso hace malabarismos.

jungle   la selva

25

Kk

key — la llave

kiss — el beso

His mum gives him a kiss.

Su mamá le da un beso.

kangaroo — el canguro

kick — dar una patada

He kicks the ball.

Da una patada al balón.

kitchen — la cocina

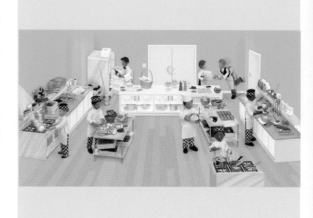

ketchup — el ketchup

king — el rey

kite — la cometa

kitten   el gatito

five kittens   cinco gatitos

Ll

lamp   la lámpara

knee   la rodilla

— la rodilla

ladybird   la mariquita

laugh   reír

These children are laughing.   Estos niños ríen.

knife   el cuchillo

lamb   el cordero

leaf   la hoja

green leaves   hojas verdes

k
l

leg — la pierna

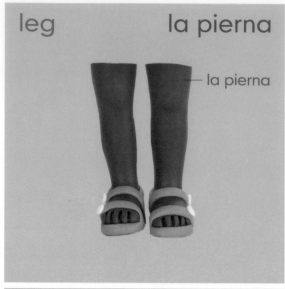

la pierna

letter — la letra

This is the **letter** C.

Ésta es la **letra** C.

like — gustar*

Cats **like** to play.

A los gatos les **gusta** jugar.

lemon — el limón

three **lemons**

tres **limones**

lie — estar acostado

Kirsty is **lying** in bed.

Kirsty **está acostada** en la cama.

lion — el león

let — dejar

Eve **lets** Bob play with her scooter.

Eve **deja** a Bob jugar con su patinete.

light — la luz

There is **light** during the day.

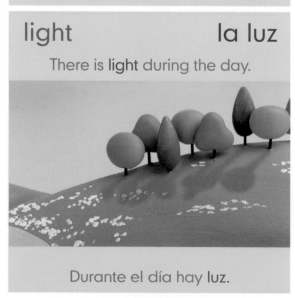

Durante el día hay **luz**.

lips — los labios

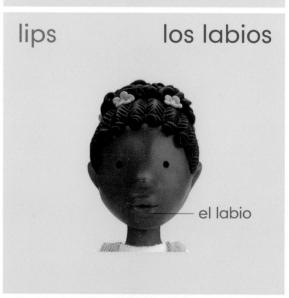

el labio

L

* The words for **like** and **love** are the other way round in Spanish from English – as though you were saying "Playing pleases cats" instead of "Cats like playing".

28

listen — escuchar

Jack is listening.

Jack está **escuchando**.

long — largo

Amy has **long** hair.

Amy tiene el pelo **largo**.

loud — fuerte

WOOF, WOOF!

¡GUAU, GUAU!

a **loud** bark
un ladrido **fuerte**

little — pequeño

He's **little**.

Él es **pequeño**.

look (at) — mirar

They are **looking at** the picture.
Están **mirando** el dibujo.

love — encantar*

The children **love** painting.

A los niños les **encanta** pintar.

live — vivir

A family **lives** here.

Una familia **vive** aquí.

lots — mucho (m), mucha (f), muchos, muchas

Spot has **lots** of puppies.

Spot tiene **muchos** cachorritos.

lunch — el almuerzo

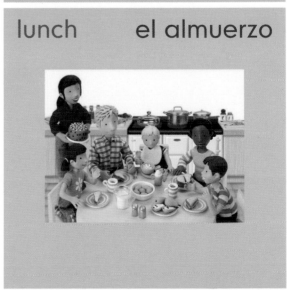

* The words for **like** and **love** are the other way round in Spanish from English – as though you were saying "Painting enchants the children" instead of "The children love painting".

Mm

make   hacer

They are making cakes.   Están haciendo pasteles.

mermaid   la sirena

machine   la máquina

a sewing machine   una máquina de coser

man   el hombre

mess   el desorden

magic   la magia

map   el mapa

milk   la leche

mirror	el espejo	monster	el monstruo	morning	la mañana

a beautiful morning — una mañana preciosa

money	el dinero	moon	la luna	motorbike	la moto

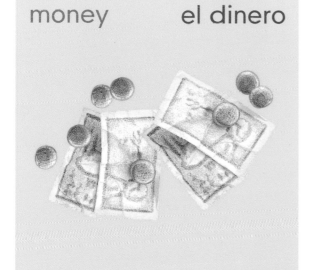

He's riding a motorbike.

Va en moto.

monkey	el mono	more	más	mountain	la montaña

Which arm has **more** birds on it?

¿En qué brazo hay **más** pájaros?

m

31

mouse   **el ratón**

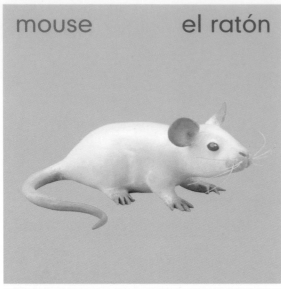

mud   **el barro**

This little girl has **mud** on her.

Esta niña tiene **barro** encima.

Nn

mouth   **la boca**

la boca

mushroom

el champiñón

name   **el nombre**

Olivia

move   **mover**

Tom and Ian **move** the parcel.

Tom e Ian **mueven** el paquete.

music   **la música**

naughty   **travieso**

This dog is **naughty**.

Este perro es **travieso**.

M
N

near   cerca

The tractor is near the wall.   El tractor está cerca del muro.

need   necesitar

Sam needs boots today.

Hoy Sam necesita botas.

nest   el nido

a bird's nest   un nido de pájaro

neck   el cuello

el cuello

needle   la aguja

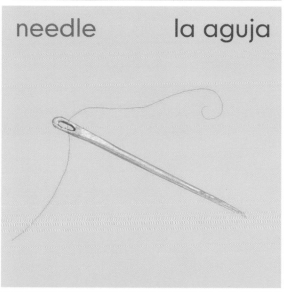

net   la red

a fishing net

una red de pescar

necklace   el collar

neighbour   el vecino

They are neighbours.   Son vecinos.

never   nunca

Never play with matches.

Nunca juegues con cerillas.

m
n

33

new | nuevo

a **new** bag | un bolso **nuevo**

nobody | **nadie**

Nobody lives here.
Nadie vive aquí.

not | no

He is **not** feeling well.
No se encuentra bien.

newspaper | el periódico

noise | **el ruido**

Babies make a lot of **noise**. | Los bebés hacen mucho **ruido**.

Waa! Waa!

¡Buaaa! ¡Buaaa!

nothing | **nada**

There's **nothing** in the box. | En la caja no hay **nada**.

night | la noche

a starry **night**

una **noche** estrellada

nose | la nariz

la nariz

now | ahora

There are four children **now**.
Ahora hay cuatro niños.

N O

number   el número

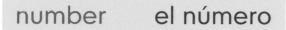

This is the **number** five.
Éste es el **número** cinco.

Oo

of   de

a piece   un trozo
of cake   de tarta

nurse   **el enfermero,
la enfermera**

o'clock (not usually said)

It's three **o'clock**   Son las tres
in the afternoon.   de la tarde.

often   **a menudo**

She **often** takes
Spot for a walk.

Saca a Spot
de paseo **a menudo**.

nut   **el fruto seco**

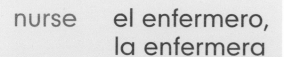

walnut
la nuez

hazelnuts   peanuts
las avellanas   los cacahuetes

octopus   **el pulpo**

oil   **el aceite**

n
o

old   (people) **anciano,** (things) **viejo**

an old woman and an old man

una anciana y un anciano

only   **sólo**

The orange cat has **only** one cushion.

El gato naranja tiene **sólo** un cojín.

orange   **la naranja**

once   **una vez**

He takes a shower **once** a day.

Se ducha **una vez** al día.

open   **abrir**

Alice **opens** the door.

Alice **abre** la puerta.

other   **otro**

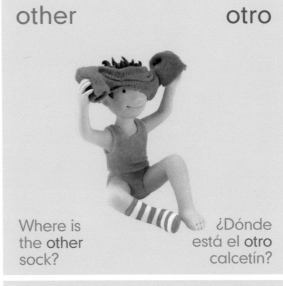

Where is the **other** sock?

¿Dónde está el **otro** calcetín?

onion   **la cebolla**

or   **o**

Do you want pasta **or** soup?

¿Quieres pasta **o** sopa?

owl   **el búho**

Pp

palace — el palacio

park — el parque

page — la página

She's turning the page.

Está pasando la página.

panda — el panda

party — la fiesta

paint — pintar

She is painting.

Está pintando.

paper — el papel

He's folding the paper.

Está plegando el papel.

pasta — la pasta

peach el melocotón	pen el bolígrafo	people la gente

peach **el melocotón**

pen **el bolígrafo**

three **pens**   tres **bolígrafos**

people **la gente**

There are lots of **people** at the market.   Hay mucha **gente** en el mercado.

pear **la pera**

pencil **el lápiz**

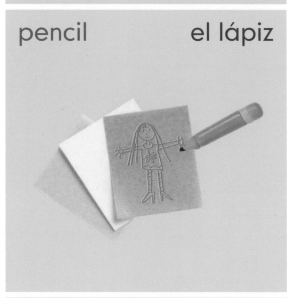

pet **la mascota**

some **pets**

algunas **mascotas**

peas **los guisantes**

penguin **el pingüino**

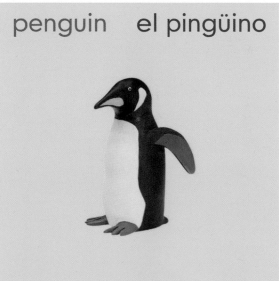

piano **el piano**

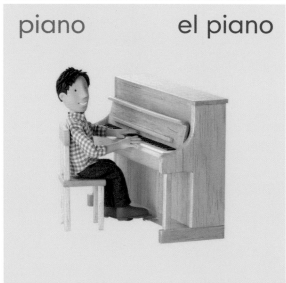

P

picnic **la merienda campestre**

pillow **la almohada**

plane **el avión**

picture **el cuadro,** (drawing) **el dibujo**

pirate **el pirata**

These children are dressed as pirates.

Estos niños están disfrazados de pirata.

plant **la planta**

p

piece **el pedazo, el trozo**

a piece of cake

un pedazo de tarta

pizza **la pizza**

plate **el plato**

There's food on this plate.

En este **plato** hay comida.

play   jugar

They are **playing** together.

Están **jugando** juntos.

pocket   el bolsillo

The little boy is putting his hands in his **pockets**.

El niño se mete las manos en los **bolsillos**.

present   el regalo

lots of **presents**

muchos **regalos**

playground   el patio de recreo

police officer   el/la policía

pretty   bonito

These flowers are **pretty**.

Estas flores son **bonitas**.

plum   la ciruela

potato   la patata

two **potatoes**

dos **patatas**

princess   la princesa

prize   el premio

The prize is a silver cup.

El premio es una copa de plata.

puppy   el cachorro

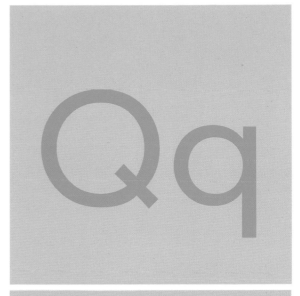

pull   tirar

The little boy pulls the donkey.

El niño tira del burro.

push   empujar

This little girl is pushing her doll's pushchair.

Esta niña empuja la sillita de su muñeca.

queen   la reina

p
q

puppet   la marioneta

put (down)   posar

She puts the baby down.

Ella posa el bebé.

quiet   callado, silencioso

The baby is quiet.

El bebé está callado.

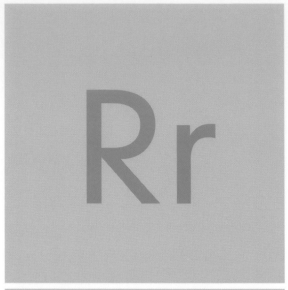

Rr

rain   la lluvia

rat   la rata

rabbit   el conejo

rainbow   el arco iris

read   leer

Tia enjoys reading.   A Tia le gusta **leer**.

radio   la radio

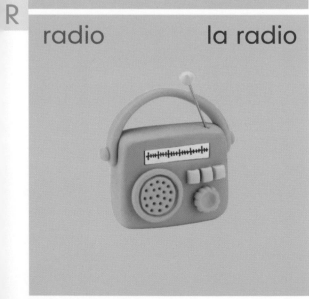

raspberry   la frambuesa

some raspberries   unas frambuesas

remember   recordar, acordarse de

A list helps you remember what to buy.   Una lista te ayuda a recordar lo que necesitas comprar.

R

| rice | el arroz | river | el río | rocket | el cohete |

A **river** runs through the town.

Por la ciudad pasa un **río**.

| ride | montar a caballo | road | la calle | roof | el tejado |

Emily likes riding.

A Emily le gusta montar a caballo.

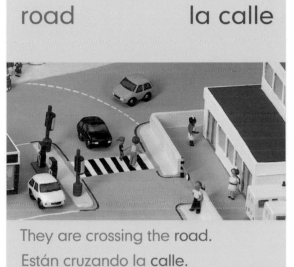

They are crossing the **road**.

Están cruzando la **calle**.

a red **roof**   un **tejado** rojo

r

| ring | el anillo | robot | el robot | room | la habitación |

three rings   tres anillos

This house has seven **rooms**.

Esta casa tiene siete **habitaciones**.

rope   **la cuerda**

Ss

sandwich

el sándwich

round   **redondo**

a **round** ball   un balón **redondo**

sad   **triste**

This little boy looks **sad**.

Este niño parece **triste**.

say   **decir**

This woman **says** she's lost her dog.

Esta mujer **dice** que ha perdido a su perro.

run   **correr**

The dogs **run** fast.

Los perros **corren** deprisa.

sand   **la arena**

They are playing in the **sand**.
Están jugando en la **arena**.

scarf   **la bufanda**

school	la escuela

secret	el secreto

Emily tells Lucy a **secret**.

Emily cuenta un **secreto** a Lucy.

share	compartir

They are sharing the fruit.

Están **compartiendo** las frutas.

scissors	la tijera

see	ver

The firefighter **sees** a dog.

El bombero **ve** un perro.

sheep	la oveja

sea	el mar

sell	vender

She **sells** fruit.   **Vende** fruta.

ship	el barco

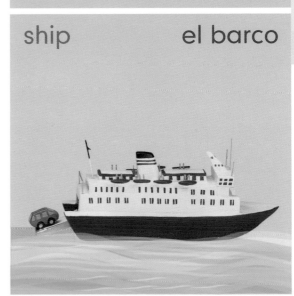

r
s

shoes   los zapatos

show   mostrar

Polly **shows** her dad her toy.

Polly **muestra** el juguete a su papá.

sister   la hermana

two **sisters**   dos **hermanas**

short   corto

This little girl has **short** hair.

Esta niña tiene el pelo **corto**.

silver   la plata

a **silver** necklace

un collar de **plata**

sit   estar sentado

They are **sitting**.   Están **sentados**.

shout   gritar

Tom and Luke are **shouting**.

Tom y Luke están **gritando**.

sing   cantar

Annie loves **singing**.

A Annie le encanta **cantar**.

skin   la piel

This little boy's **skin** is pink.

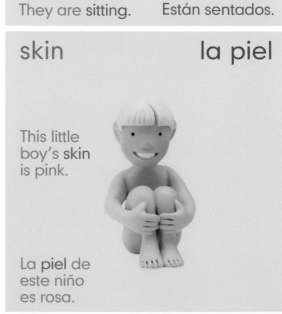

La **piel** de este niño es rosa.

S

skirt **la falda**	**slow** **lento**	**smile** **sonreír**

skirt   **la falda**

Tortoises are very **slow**.

Las tortugas son muy **lentas**.

They are **smiling**.
Están **sonriendo**.

sky   **el cielo**

Planes fly in the **sky**.

Los aviones vuelan por el **cielo**.

small   **pequeño**

The green fish is **small**.

El pez verde es **pequeño**.

snail   **el caracol**

sleep   **dormir**

He wants to **sleep**.

Quiere **dormir**.

smell   **oler**

The cat can **smell** the fish.

El gato **huele** el pescado.

snake   **la serpiente**

S

snow	la nieve	sofa	el sofá	spider	la araña

These cats are sitting on the **sofa**.

Estos gatos están sentados en el **sofá**.

so	tan	soft	suave	spoon	la cuchara

She is **so** surprised.

Está **tan** sorprendida.

a **soft** blanket

una manta suave

S soap   el jabón

some   algo de, algunos (m), algunas (f)*

stand   estar de pie

some bread
some flour
some eggs

algo de pan
algo de harina
algunos huevos

These people are all **standing**.
Estas personas **están** todas **de pie**.

* You use **algo de** for things you can't count, such as flour, and **algunos** or **algunas** for things you can count, such as eggs.

star   la estrella

shiny **stars**

estrellas brillantes

story   la historia

a **story** about firefighters

"Nuestro perro está atrapado dentro," dice la señora al bombero.

una **historia** sobre bomberos

sun   el sol

start   empezar

The party **starts** at 3 o'clock.

La fiesta **empieza** a las tres.

strawberry   la fresa

supermarket   el supermercado

stop   parar

Cars have to **stop** here.

Los coches deben **parar** aquí.

street   la calle

swim   nadar

This little boy loves **swimming**.
A este niño le encanta **nadar**.

S

Tt

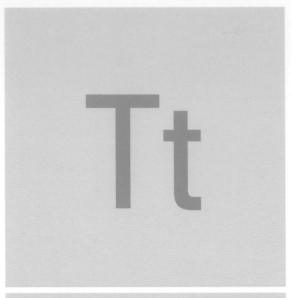

take — coger, tomar

He takes the box.

Él coge la caja.

teacher — el profesor, la profesora

table — la mesa

talk — hablar

They are **talking** to each other.

Están **hablando** una con otra.

teddy bear — el osito de peluche

tail — el rabo

The dog is wagging his **tail**.

El perro menea el **rabo**.

tall — alto

Emily is **tall** for her age.

Emily es **alta** para su edad.

teeth — los dientes

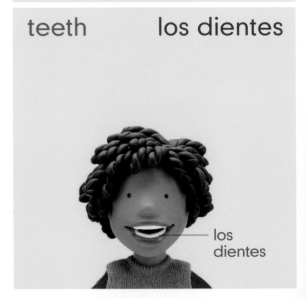

los dientes

telephone el teléfono

He is on the telephone.

Está al teléfono.

throw lanzar

He is throwing a snowball.

Está lanzando una bola de nieve.

time la hora

What time is it?

¿Qué hora es?

television la televisión

thumb el pulgar

el pulgar

tired cansado

He is very tired.

Está muy cansado.

thing la cosa

There are lots of things on the table.

Hay muchas cosas sobre la mesa.

tiger el tigre

toe el dedo del pie

el dedo del pie

t

tomato — el tomate	town — la ciudad	train — el tren

tomato   el tomate

town   la ciudad

train   el tren

tongue   la lengua

la lengua

toy   el juguete

tree   el árbol

towel   la toalla

tractor   el tractor

truck   el camión

U u

V v

very **muy**

Firefighters are **very** brave.

Los bomberos son **muy** valientes.

ugly **feo**

This fish is **ugly**.

Este pez es **feo**.

vase **el jarrón**

a **vase** of flowers

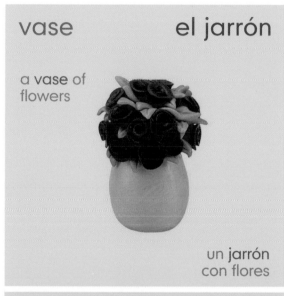

un **jarrón** con flores

visit **visitar**

A clown is **visiting** Paul's house.

Un payaso **visita** la casa de Paul.

umbrella el paraguas

vegetables las verduras

voice **la voz**

t
u
v

53

Ww

walk — caminar

The little boy is walking with his mum.

El niño camina con su mamá.

warm — caliente, (clothes) de abrigo

warm clothes
ropa de abrigo

wait — esperar

They are all waiting.

Están todos esperando.

wall — el muro

They are building a wall.

Construyen un muro.

wash — (things) lavar, (in a bath) bañarse

He is washing himself.

Está bañándose.

wake up — despertarse

It's time to wake up!

¡Es hora de despertarse!

want — querer

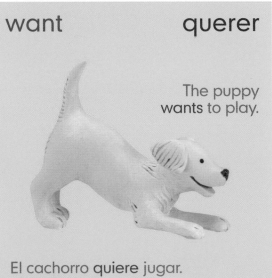

The puppy wants to play.

El cachorro quiere jugar.

watch — el reloj

W

| water | el agua (f) | wet | mojado | whisper | susurrar |

water **el agua** (f)

wet **mojado**

This man is all wet!

¡Este hombre está todo mojado!

whisper **susurrar**

The little boy is whispering.

El niño susurra.

wave **saludar**

They are **waving** to their friends.

Están **saludando** a sus amigos.

whale **la ballena**

win **ganar**

Who is **winning**?

¿Quién va **ganando**?

wear **llevar**

Chefs **wear** hats.

Los chefs **llevan** gorro.

wheel **la rueda**

window **la ventana**

w

wing el ala (f)

This insect has big wings.

Este insecto tiene alas grandes.

work trabajar

They **work** in a restaurant.

Trabajan en un restaurante.

Xx

with con

Amy is **with** her mum.

Amy está **con** su mamá.

worm el gusano, (earthworm) la lombriz

x-ray la radiografía

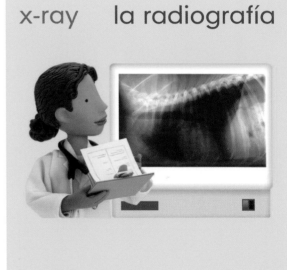

woman la mujer

write escribir

She is **writing** her name.

Está **escribiendo** su nombre.

xylophone el xilófono

W
X
Y
Z

Yy

yet   **todavía, aún**

This baby can't walk yet.

Este bebé **todavía** no sabe caminar.

Zz

yawn   **bostezar**

He is yawning.

Está **bostezando**.

yogurt   **el yogur**

zebra   **la cebra**

year   **el año**

This little girl is seven years old.

Esta niña tiene siete **años**.

young   **joven**

A foal is a **young** horse.

Un potro es un caballo **joven**.

zip   **la cremallera**

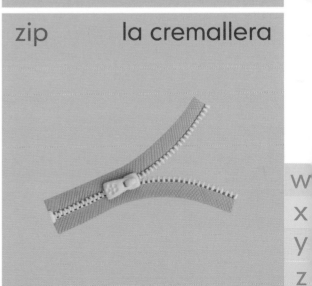

W
X
Y
Z

Where are they?

¿Dónde están?

These two pages show some words you use when you want to say where someone or something is.

behind / detrás

Andrew is behind Lola.

Andrew está detrás de Lola.

in / en

in the drawer

en el cajón

above / por encima

They are flying above the clouds.

Vuelan por encima de las nubes.

between / entre

Sam is between two grown-ups.

Sam está entre dos personas mayores.

in front / delante

The cars are in front of the house.

Los coches están delante de la casa.

around / alrededor

They are sitting around the table.

Están sentados alrededor de la mesa.

here/there / aquí/allí

I'm here, he's over there.

Yo estoy aquí, él está allí.

inside / dentro

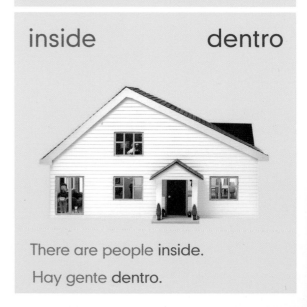

There are people inside.

Hay gente dentro.

into   en

Ann puts the duckling **into** the pond.

Ann mete el patito **en** el estanque.

opposite   frente a

Tom is sitting **opposite** Leah.

Tom está sentado **frente a** Leah.

to/from   a/de

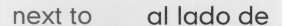

Anna goes **from** her house **to** school by bus.

Anna va **de** su casa **al** colegio en autobús.*

next to   al lado de

Patch is sitting **next to** Ted.

Patch está sentado **al lado de** Ted.

outside   fuera

These people are **outside**.

Estas personas están **fuera**.

under   debajo

under the table   **debajo** de la mesa

on   en, sobre

The little girl is lying **on** the doctor's table.

La niña está acostada **sobre** la camilla.

over   por encima

The lamb jumps **over** the flowers.

El cordero salta **por encima** de las flores.

up/down

arriba/abajo

One little girl goes **up** when the other goes **down**.

Una niña va para **arriba** cuando la otra va para **abajo**.

* De + el becomes del, and a + el becomes al.

I, you, he, she
Yo, tú, él, ella

This page shows some words you use when you want to talk about yourself, other people or things.*

he   él

He has a sister.

Él tiene una hermana.

we   nosotros (m), nosotras (f)

We each have a bag.

Nosotras tenemos un bolso cada una.

I   yo

I have a brother.

Yo tengo un hermano.

she   ella

She has a doll.

Ella tiene una muñeca.

you   vosotros (m), vosotras (f)

Are you all sitting?

¿Todos vosotros estáis sentados?

you   tú

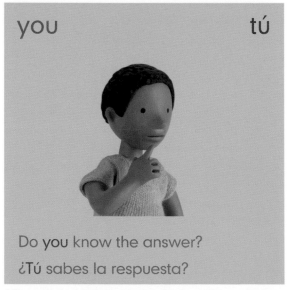

Do you know the answer?

¿Tú sabes la respuesta?

it   él (m), ella (f)

It has a shell. It is hard.

Tiene una concha. Es dura.

they   ellos (m), ellas (f)

They have lots of dogs.
They are all very cute.

Ellas tienen muchos perros.
Son todos muy monos.

* The actual word for I, you, he, she, it, and so on, is often not used: you can say Yo tengo un hermano or Tengo un hermano.

Questions

Las preguntas

This page shows some of the words you can use when you want to ask a question about something.

what   **qué**

What are you reading?

¿Qué lees?

which   **qué, cuál**

Which dog do you like best?

¿Qué perro te gusta más?

how   **cómo**

How do you make a cake?

¿Cómo haces un pastel?

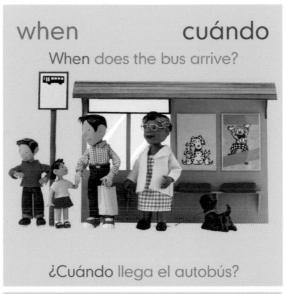

when   **cuándo**

When does the bus arrive?

¿Cuándo llega el autobús?

who   **quién**

Who is singing?   ¿Quién canta?

how many   **cuántos (m), cuántas (f)**

How many shells are there?

¿Cuántas conchas hay?

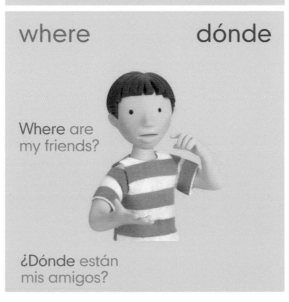

where   **dónde**

Where are my friends?

¿Dónde están mis amigos?

why   **por qué**

Why is Laura sad?

¿Por qué está triste Laura?

Colours   Los colores

white
blanco*

blue
azul (m, f)

yellow
amarillo

purple
morado

pink
rosa (m, f)

green
verde (m, f)

orange
naranja (m, f)

red
rojo

grey
gris (m, f)

black
negro

brown
marrón (m, f)

Shapes   Las formas

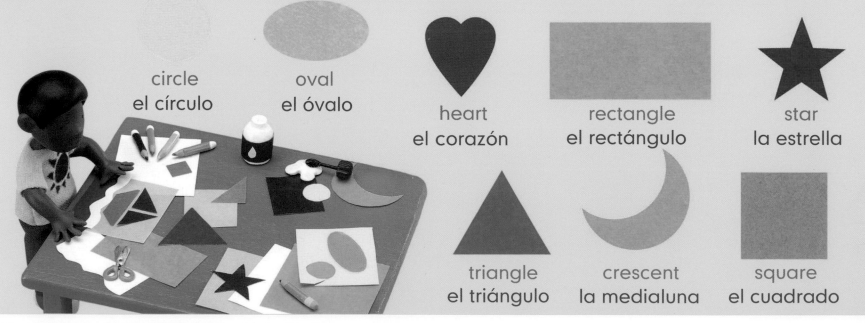

circle
el círculo

oval
el óvalo

heart
el corazón

rectangle
el rectángulo

star
la estrella

triangle
el triángulo

crescent
la medialuna

square
el cuadrado

* Most colour words are regular adjectives and work in the same way
as the examples on page 66. Rosa and naranja, as well as azul, verde,
gris and marrón, stay the same for both masculine and feminine nouns.

Numbers   Los números

one   uno

two   dos

three   tres

four   cuatro

five   cinco

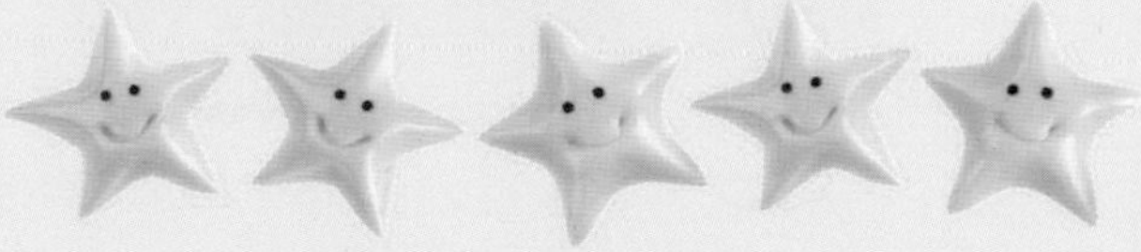

six   seis

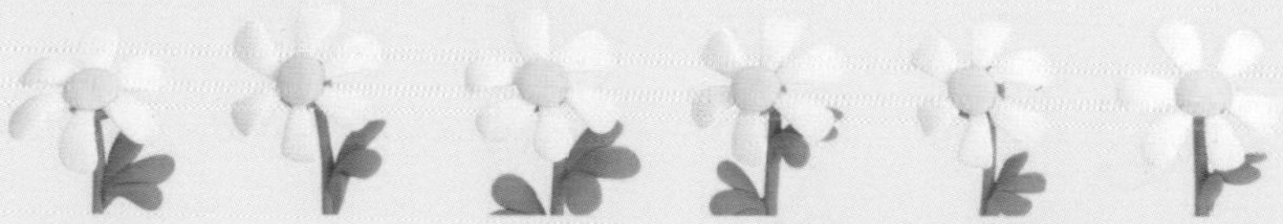

seven   siete

eight   ocho

nine   nueve

ten   diez

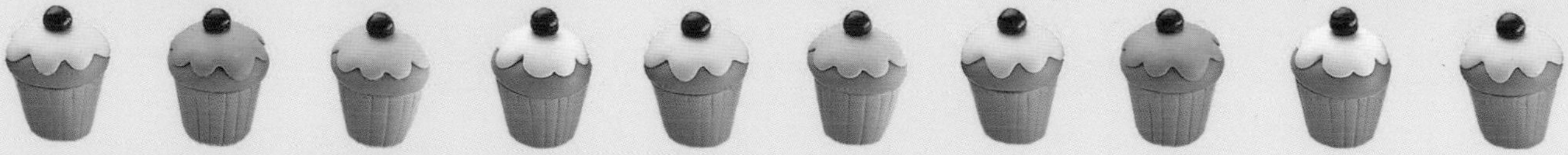

Months
Los meses

January	enero
February	febrero
March	marzo
April	abril
May	mayo
June	junio
July	julio
August	agosto
September	septiembre
October	octubre
November	noviembre
December	diciembre

Days
Los días de la semana

Monday	lunes
Tuesday	martes
Wednesday	miércoles
Thursday	jueves
Friday	viernes
Saturday	sábado
Sunday	domingo

Seasons
Las estaciones del año

spring	la primavera
summer	el verano
autumn	el otoño
winter	el invierno

Using your dictionary

When you have looked up a word, here are some things you can find out.

drink	la bebida
a cold **drink**	una **bebida** fría

You can see the Spanish translation of the word.

You can see a picture of the word, or a way of using the word.

Masculine or feminine?

In Spanish, all nouns, or "naming" words such as "boy" and "house", are either masculine or feminine. The Spanish word for "the" is <u>el</u> for masculine nouns and <u>la</u> for feminine nouns. The Spanish word for "a" or "an" is <u>un</u> for masculine nouns and <u>una</u> for feminine nouns.

Almost all nouns ending in o are masculine, and almost all ending in a are feminine, but there are some exceptions so it's a good idea to learn the words together with <u>el</u> or <u>la</u>.

You also use <u>el</u> before some feminine nouns beginning with a or ha; these are shown with (f) in the dictionary.

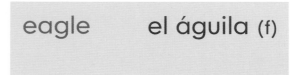

eagle	el águila (f)
fairy	el hada (f)

The letter f in brackets tells you that the word is feminine.

Plurals

"Plural" means "more than one". The Spanish for "the" when you are talking about more than one is <u>los</u> for masculine nouns and <u>las</u> for feminine nouns. You also add <u>s</u> at the end of the noun, as you do in English:

boy	el niño
boys	los niños

If the noun ends in a consonant, you add <u>es</u>:

mouse	el ratón
mice	los ratones

For nouns ending in z, you change the <u>z</u> to <u>ces</u> in the plural:

pencil	el lápiz
pencils	los lápices

Adjectives

"Describing" words, such as "small", "cold" or "happy", are adjectives.

In English, adjectives go before the noun they are describing; in Spanish, they almost always go after the noun.

In English, an adjective is always spelled the same way, whatever it is describing. In Spanish, the endings of an adjective change, depending on whether the noun it is describing is masculine or feminine, singular or plural.

For example, the Spanish word for "empty" is "vacío":

an empty glass   un vaso vacío

For a feminine noun, you change the o at the end of the adjective to a:

an empty bag   una bolsa vacía

For masculine plurals, you add s to the end of the adjective:

empty jars   frascos vacíos

For feminine plurals, you change the ending to as:

empty boxes   cajas vacías

If an adjective ends in e, it is the same for both masculine and feminine nouns. For plurals, you just add s:

hot air	aire caliente
hot water	agua caliente
hot plates	platos calientes
hot drinks	bebidas calientes

If an adjective ends in any other letter, it is the same for both masculine and feminine nouns. For plurals, you add es:

a blue dress	un vestido azul
a blue cup	una taza azul
blue pencils	lápices azules
blue flowers	flores azules

Some very common adjectives can go before the noun, especially "bueno" and "malo". When they do, they are shortened to "buen" and "mal" before masculine nouns:

a good book	un buen libro
a bad idea	una mala idea

You might see "gran" before the noun in some street or place names (Gran Via, Gran Canaria) but normally you'd use "grande" after the noun:

a big car	un coche grande
a big house	una casa grande

Verbs

"Doing" words, such as "walk" or "laugh", are called verbs. In English, verbs don't change very much, whoever is doing them:

I walk	we walk
you walk	you walk
he walks	they walk
she walks	

In Spanish, the endings change much more. Many verbs work in a similar way to the one below. The verb is in the present – the form you use to talk about what's happening now. (You generally don't need the words for "I", "you" and so on, as you can tell from the verb who is doing it.)

to sing	cantar
I sing	canto
you sing*	cantas
he sings	canta
she sings	canta
we sing	cantamos
you sing*	cantáis
they sing	cantan

When you look up a verb in the dictionary, you will find the "to" form, together with a sentence or phrase that shows how the verb can be used. All these sentences use the verb in the present.

The verbs for "to be"

In Spanish, there are two verbs which mean "to be": ser and estar.

to be (1)	ser
I am	soy
you are*	eres
he is	es
she is	es
we are	somos
you are*	sois
they are	son

to be (2)	estar
I am	estoy
you are*	estás
he is	está
she is	está
we are	estamos
you are^	estáis
they are	están

You use ser for things that don't change:

Swans are big birds.	Los cisnes son aves grandes.
This is the number 5.	Éste es el número cinco.

You use estar for things that can change:

These glasses are empty.	Estos vasos están vacíos.
The cars are in front of the house.	Los coches están delante de la casa.

* In Spanish, you use "tú" for one person, usually someone you know. (For someone you don't know, you can use "usted", but it is very formal.) You use "vosotros" for more than one person.

Spanish word list

a	to	la almohada	pillow
a menudo	often	el almuerzo	lunch
abajo	down	alrededor	around
la abeja	bee	alto	tall
abrazar	to hug	amarillo	yellow
el abrigo	coat	la ambulancia	ambulance
abril	April	la amiga	friend (f)
abrir	to open	el amigo	friend (m)
el aceite	oil	anciano	old (person)
acordarse de	to remember	el ángel	angel
agosto	August	el anillo	ring
el agua (f)	water	el animal	animal
el águila (f)	eagle	el año	year
la aguja	needle	aquí	here
el agujero	hole	la araña	spider
ahora	now	el árbol	tree
el aire	air	el arco iris	rainbow
al lado de	next to	la arena	sand
el ala (f)	wing	arriba	up
el alfabeto	alphabet	el arroz	rice
algo de	some (uncountable)	el astronauta	astronaut (m)
algunos, algunas	some (countable)	la astronauta	astronaut (f)
allí	there	atrapar	to catch

aún	yet	el bombero	firefighter
el autobús	bus	bonito	pretty
el avión	plane	el bosque	forest
ayudar	to help	bostezar	to yawn
azul	blue	las botas	boots
bailar	to dance	el botón	button
la ballena	whale	el brazo	arm
el balón	ball	buen, bueno	good
la bandera	flag	la bufanda	scarf
bañarse	to wash (in a bath)	el búho	owl
el baño	bath	el burro	donkey
la barca	boat	el caballo	horse
el barco	ship	la cabeza	head
el barro	mud	la cabra	goat
el bebé	baby	el cachorro	puppy
la bebida	drink	cada	each
el beso	kiss	la caja	box
la bicicleta	bicycle	caliente	warm, hot
blanco	white	callado	quiet
la boca	mouth	la calle	road, street
el bocado	bite	la cama	bed
el bol	bowl	caminar	to walk
el bolígrafo	pen	el camión	truck
la bolsa	bag	el camión de bomberos	fire engine
el bolsillo	pocket	el canguro	kangaroo

cansado	tired	la ciudad	town
cantar	to sing	el coche	car
la capucha	hood	la cocina	kitchen
la cara	face	cocinar	to cook
el caracol	snail	el codo	elbow
la casa	house, home	coger	to take
el castillo	castle	el cohete	rocket
cavar	to dig	el collar	necklace
la cebolla	onion	comer	to eat
la cebra	zebra	la cometa	kite
el cepillo	brush	la comida	food
cerca	near	cómo	how
la cereza	cherry	compartir	to share
el césped	grass, lawn	comprar	to buy
la cesta	basket	con	with
el champiñón	mushroom	conducir	to drive
la chaqueta	jacket	el conejillo de Indias	guinea pig
la chica	girl	el conejo	rabbit
el chico	boy	construir	to build
el chocolate	chocolate	contento	happy
el cielo	sky	el corazón	heart
cinco	five	el cordero	lamb
el cinturón	belt	correr	to run
el círculo	circle	corto	short
la ciruela	plum	la cosa	thing

crecer	to grow	dentro	inside
la cremallera	zip	el desayuno	breakfast
el cuadrado	square	el desorden	mess
el cuadro	picture	despertarse	to wake up
cuál	which	despierto	awake
cuándo	when	después	after
cuántos, cuántas	how many	detrás	behind
cuatro	four	el día	day
la cuchara	spoon	dibujar	to draw
el cuchillo	knife	el dibujo	drawing, picture
el cuello	neck	diciembre	December
la cuerda	rope	los dientes	teeth
el cumpleaños	birthday	diez	ten
dar	to give	el dinero	money
dar una patada	kick	el dinosaurio	dinosaur
de	from, of	el doctor	doctor
de abrigo	warm (clothes)	doler	to hurt
debajo	under	domingo	Sunday
decir	to say	dónde	where
el dedo	finger	dormido	asleep
el dedo del pie	toe	dormir	to sleep
dejar	to let	dos	two
delante	in front	el dragón	dragon
el dentista	dentist (m)	duro	hard
la dentista	dentist (f)	él	he, it

el elefante	elephant	la excavadora	digger
ella	she, it	el extremo	end
ellos, ellas	they	la falda	skirt
empezar	to start	la familia	family
empujar	to push	el fantasma	ghost
en	in, into, on	febrero	February
encantar	to delight	feliz	happy
enero	January	feo	ugly
enfadado	angry	la fiesta	party
la enfermera	nurse (f)	la flor	flower
el enfermero	nurse (m)	la frambuesa	raspberry
entre	between	el frasco	jar
es	is	frente a	opposite
esconderse	to hide	la fresa	strawberry
escribir	to write	frío	cold
escuchar	to listen	la fruta	fruit
la escuela	school	el fruto seco	nut
el espejo	mirror	el fuego	fire
esperar	to wait	fuera	outside
está	is	fuerte	strong, loud
están	are	las gafas	glasses
estar acostado	to lie	ganar	to win
estar de pie	to stand	el gatito	kitten
estar sentado	to sit	el gato	cat
la estrella	star	la gente	people

el gigante	giant	la hoja	leaf
el globo	balloon	el hombre	man
golpear	to hit	la hora	time
gordo	fat	la hormiga	ant
grande	big	el hospital	hospital
la granja	farm	el hueso	bone
gris	grey	el huevo	egg
gritar	to shout	la idea	idea
los guantes	gloves	el insecto	insect
los guisantes	peas	el invierno	winter
el gusano	worm	la invitación	invitation
gustar	to please	ir	to go
la habitación	room	la isla	island
hablar	to talk	el jabón	soap
hacer	to do, to make	el jardín	garden
hacer malabarismos	to juggle	el jarrón	vase
el hada (f)	fairy	la jirafa	giraffe
el hámster	hamster	joven	young
el helado	ice cream	las joyas	jewellery
el helicóptero	helicopter	el juego	game
la hermana	sister	jueves	Thursday
el hermano	brother	jugar	to play
el hielo	ice	el juguete	toy
la hierba	grass	julio	July
la historia	story	junio	June

el ketchup	ketchup	mal, malo	bad
los labios	lips	la mañana	morning
la lámpara	lamp	la mano	hand
la lancha	small boat	la manta	blanket
lanzar	to throw	la manzana	apple
el lápiz	pencil	el mapa	map
largo	long	la máquina	machine
lavar	to wash	el mar	sea
la leche	milk	la marioneta	puppet
leer	to read	la mariposa	butterfly
la lengua	tongue	la mariquita	ladybird
lento	slow	marrón	brown
el león	lion	martes	Tuesday
la letra	letter	marzo	March
el libro	book	más	more
el limón	lemon	la mascota	pet
la llave	key	mayo	May
llevar	to wear	la medialuna	crescent
llorar	to cry	el médico	doctor
la lluvia	rain	el melocotón	peach
la lombriz	earthworm	la merienda campestre	picnic
la luna	moon	la mesa	table
lunes	Monday	la miel	honey
la luz	light	miércoles	Wednesday
la magia	magic	mirar	to look (at)

mojado	wet	la niña	little girl
el mono	monkey	el niño	little boy
el monstruo	monster	no	not
la montaña	mountain	la noche	night
montar a caballo	to ride	el nombre	name
morado	purple	nosotros, nosotras	we
mostrar	to show	noviembre	November
la moto	motorbike	la nube	cloud
mover	to move	nueve	nine
mucho, mucha, muchos, muchas	lots	nuevo	new
la mujer	woman	el número	number
la muñeca	doll	nunca	never
el muro	wall	o	or
la música	music	la oca	goose
muy	very	ocho	eight
nada	nothing	octubre	October
nadar	to swim	oír	to hear
nadie	nobody	el ojo	eye
la naranja	orange (fruit)	oler	to smell
naranja	orange (colour)	el ordenador	computer
la nariz	nose	la oreja	ear
necesitar	to need	el oro	gold
negro	black	oscuro	dark
el nido	nest	el osito de peluche	teddy bear
la nieve	snow	el oso	bear

el otoño	autumn	el perro	dog
otra vez	again	la persona mayor	grown-up
otro, otra	other, another	el pescado	fish (to eat)
el óvalo	oval	el pez	fish
la oveja	sheep	el pez de colores	goldfish
la pagina	page	el piano	piano
el pájaro	bird	picar	to itch
el palacio	palace	el pie	foot
el pan	bread	la piedra preciosa	jewel
el panda	panda	la piel	skin
el papel	paper	la pierna	leg
el paraguas	umbrella	el pingüino	penguin
parar	to stop	pintar	to paint
el parque	park	el pirata	pirate
la pasta	pasta	la pizza	pizza
el pastel	cake	la plancha	iron
la patata	potato	la planta	plant
el patio de recreo	playground	la plata	silver
el pato	duck	el plátano	banana
el pedazo	piece	el plato	plate
el pelo	hair	la playa	beach
la pelota	ball	poder	can
pequeño	small, little	el policía	police officer (m)
la pera	pear	la policía	police officer (f)
el periódico	newspaper	el pollo	chicken

por encima	over, above	el ratón	mouse
por qué	why	recordar	to remember
la portilla	gate	el rectángulo	rectangle
posar	to put (down)	la red	net
preguntar	to ask	redondo	round
el premio	prize	el regalo	present
la primavera	spring	la reina	queen
la princesa	princess	reír	to laugh
el profesor	teacher (m)	el reloj	watch, clock
la profesora	teacher (f)	el rey	king
profundo	deep	el río	river
la puerta	door	el robot	robot
el pulgar	thumb	la rodilla	knee
el pulpo	octopus	rojo	red
el puzle	jigsaw puzzle	la ropa	clothes
qué	what, which	rosa	pink
querer	to want	la rueda	wheel
el queso	cheese	el ruido	noise
quién	who	sábado	Saturday
el rabo	tail	saltar	to jump
la radio	radio	saltar a la pata coja	to hop
la radiografía	x-ray	saludar	to wave
la rana	frog	el sándwich	sandwich
rápido	fast	seco	dry
la rata	rat	el secreto	secret

seis	six	la tarta	cake
la selva	jungle	la taza	cup
septiembre	September	el tejado	roof
la serpiente	snake	el teléfono	telephone
si	if	la televisión	television
siempre	always	el tenedor	fork
siete	seven	la Tierra	Earth
silencioso	quiet	el tigre	tiger
la silla	chair	la tijera	scissors
la sirena	mermaid	la tinta	ink
sobre	on, about	tirar	to pull
el sofá	sofa	la toalla	towel
el sol	sun	el tobillo	ankle
sólo	only	todavía	yet
el sombrero	hat	todo, toda, todos, todas	all
son	are	tomar	to take
sonreír	to smile	el tomate	tomato
suave	soft	trabajar	to work
sucio	dirty	el trabajo	job, work
el suelo	floor, ground	el tractor	tractor
el supermercado	supermarket	travieso	naughty
susurrar	to whisper	el tren	train
el tambor	drum	tres	three
tan	so	el triángulo	triangle
la tarde	afternoon	triste	sad

el trozo	piece	las verduras	vegetables
tú	you	el vestido	dress
una vez	once	viejo	old
uno	one	viernes	Friday
la uva	grapes	visitar	to visit
la vaca	cow	vivir	to live
vacío	empty	volar	to fly
los vaqueros	jeans	vosotros, vosotras	you
el vaso	glass	la voz	voice
el vecino	neighbour	el xilófono	xylophone
vender	to sell	yo	I
venir	to come	el yogur	yogurt
la ventana	window	la zanahoria	carrot
ver	to see	los zapatos	shoes
el verano	summer	el zorro	fox
verde	green	el zumo	juice

Hear the words on the internet

If you can use the internet and your computer can play sounds, you can listen to all the Spanish words in this dictionary, read by a Spanish person.

Go to the Usborne Quicklinks Website at www.usborne-quicklinks.com. Type in the keywords **very first dictionary in spanish** and follow the simple instructions. Try listening to the words and then saying them yourself. This will help you learn to speak Spanish easily and well. Always follow the safety rules on the right when you are using the internet.

What you need

To play the Spanish words, your computer may need a small program called a media player, such as RealPlayer® or Windows® Media Player. These programs are free, and if you don't already have one, you can download a copy from www.usborne-quicklinks.com.

Internet safety rules

Ask your parent's or guardian's permission before you connect to the internet and make sure you follow these simple rules:

• Never give out information about yourself, such as your real name, address, phone number or the name of your school.

• If a site asks you to log in or register by typing your name or email address, ask permission from an adult first.

Edited by Mairi Mackinnon

Additional design by Stephanie Jones

Photography by Howard Allman & MMStudios

With thanks to Paul Allen, Ben Denne and Sam Taplin, and to Staedtler UK for providing the Fimo® material for models. Vehicles supplied by Bruder® Toys.

First published in 2008 by Usborne Publishing Ltd., Usborne House, 83-85 Saffron Hill, London EC1N 8RT, England.
Copyright ©2008 Usborne Publishing Ltd.